AF175914

Impressum
Verlag: BABADADA GmbH, Nedderfeld 112 , 22529 Hamburg
Geschäftsführer / Verlagsleitung: Harald Hof
Druck: Books on Demand GmbH, In de Tarpen 42, 22848 Norderstedt

Imprint
Publisher: BABADADA GmbH, Nedderfeld 112 , 22529 Hamburg, Germany
Managing Director / Publishing direction: Harald Hof
Print: Books on Demand GmbH, In de Tarpen 42, 22848 Norderstedt

colegio

School

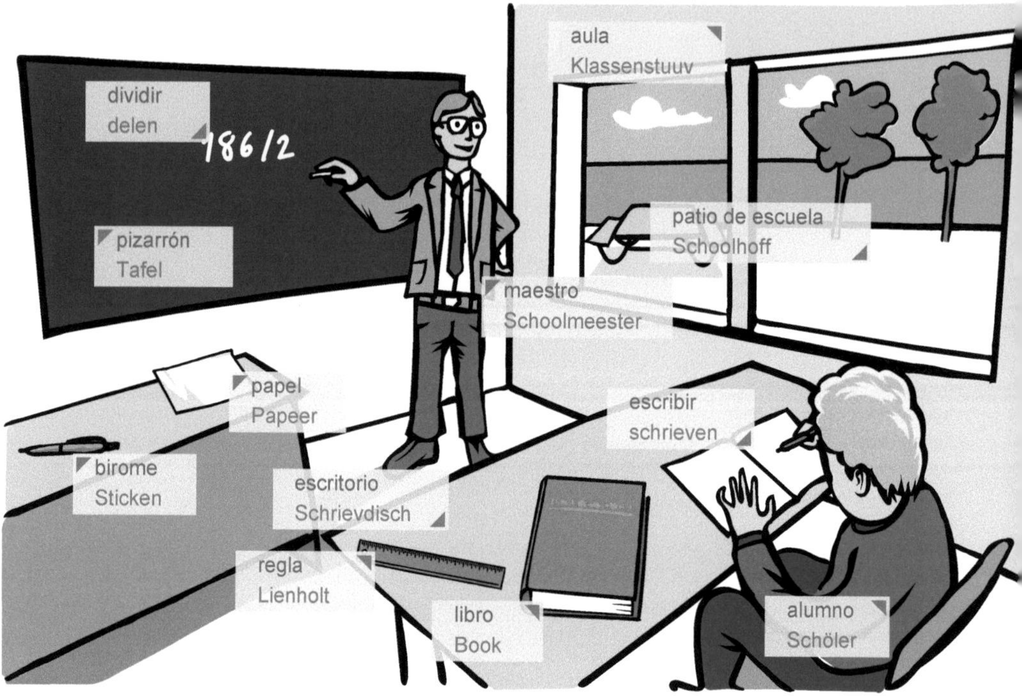
aula
Klassenstuuv
dividir
delen
186/2
pizarrón
Tafel
patio de escuela
Schoolhoff
maestro
Schoolmeester
papel
Papeer
escribir
schrieven
birome
Sticken
escritorio
Schrievdisch
regla
Lienholt
libro
Book
alumno
Schöler

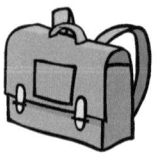

mochila

Ranzel

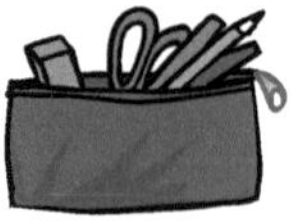

caja de lápices

Feddermapp

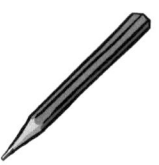

lápiz

Bleesticken

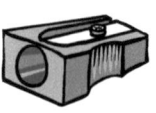

sacapuntas

Scharpmaker

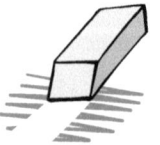

goma (de borrar)

Radeergummi

bloc de dibujo

Tekenblock

dibujo
Teken

pincel
Pinsel

caja de pinturas
Malkassen

tijera
Scheer

pegamento
Klever

cuaderno de ejercicios
Heft to'n Öven

tarea
Huusopgaav

número
Tall

sumar
tohooptellen

restar
aftrecken

multiplicar
malnehmen

calcular
reken

letra
Bookstaav

abecedario
ABC

palabra
Woort

texto

Text

leer

lesen

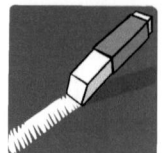

tiza

Kried

lección

Stunn

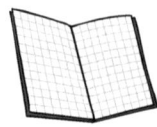

cuaderno de clase

Klassenbook

examen

Pröven

certificado

Tüügnis

uniforme escolar

Schooluniform

educación

Utbillen

enciclopedia

Nakieksel

universidad

Universität

microscopio

Mikroskop

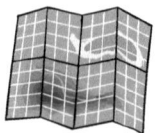

mapa

Koort

tacho (de basura)

Papeerkorf

colegio - School

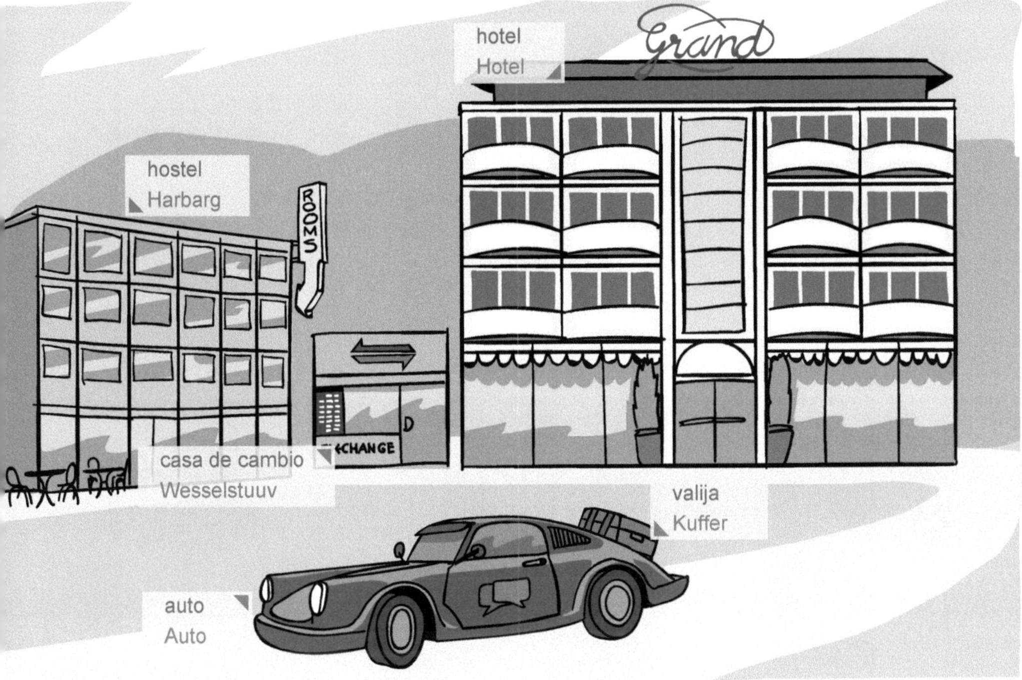

hotel
Hotel
Grand
hostel
Harbarg
ROOMS
EXCHANGE
casa de cambio
Wesselstuuv
valija
Kuffer
auto
Auto

idioma

Spraak

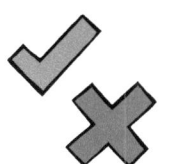

sí / no

jo / ne

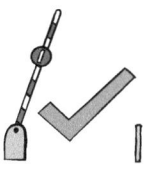

Está bien

Jo

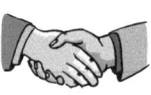

hola

Moin

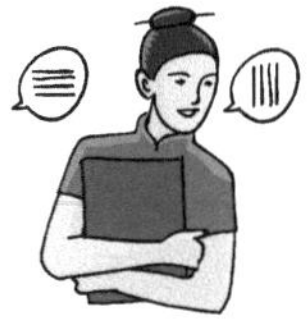

traductor

Översetter

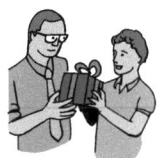

Gracias

Dank ok

¿cuánto cuesta...?

Wat kost...?

No entiendo

Ik verstah nich

problema

Problem

¡Buenas tardes!

Goden Avend

¡Buenos días!

Moin!

¡Buenas noches!

Gode Nacht!

adiós

Tschüüs

dirección

Richt

equipaje

Bagaasch

bolso

Tasch

mochila

Rüchsack

invitado

Gast

habitación

Stuuv

bolsa de dormir

Slaapsack

carpa

Telt

información turística

Touristeninformatschoon

playa

Strand

tarjeta de crédito

Kreditkoort

desayuno

Fröhstück

almuerzo

Meddageten

cena

Avendeten

pasaje

Fohrkort

ascensor

Fohrstohl

sello

Breefmark

frontera

Grenz

aduana

Toll

embajada

Bottschop

visa

Visum

pasaporte

Pass

transporte
Transport

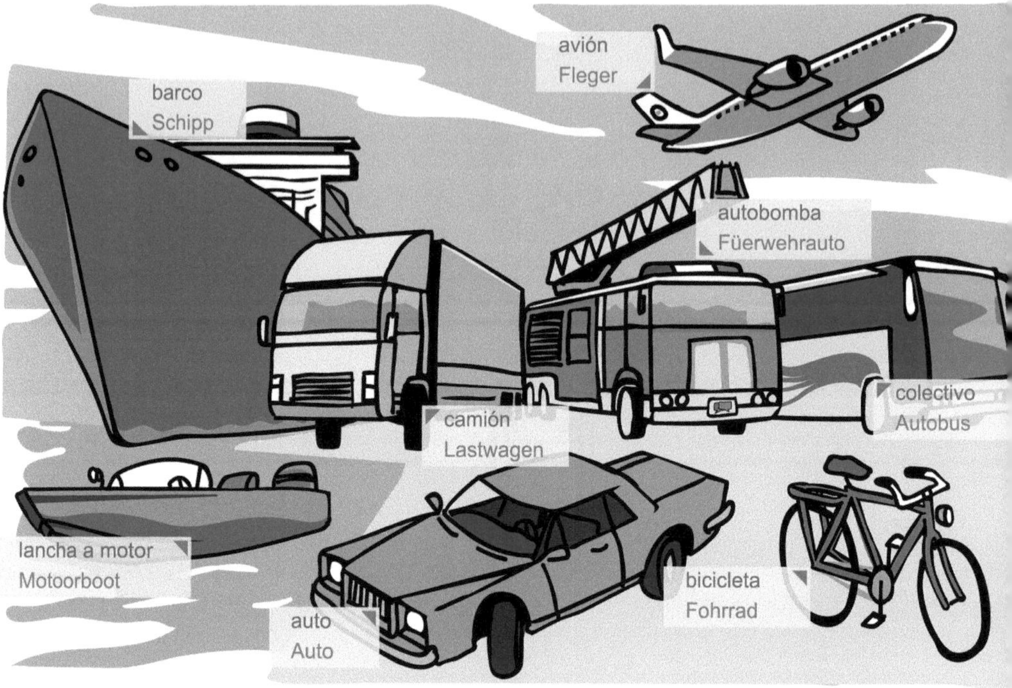
barco
Schipp
avión
Fleger
autobomba
Füerwehrauto
colectivo
Autobus
camión
Lastwagen
lancha a motor
Motoorboot
auto
Auto
bicicleta
Fohrrad

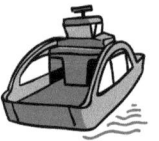

ferry

Fähr

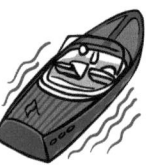

bote

Boot

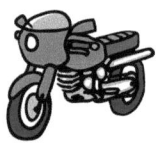

moto

Motoorrad

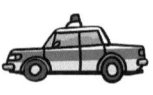

patrullero

Polizeiauto

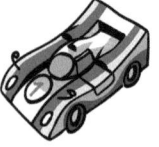

auto de carreras

Rönnauto

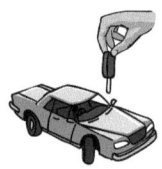

auto de alquiler

Lehnwagen

alquiler de autos
Carsharing

grúa
Afsleepwagen

camión de basura
Müllauto

motor
Motoor

nafta
Kraftstoff

estación de servicio
Tanksteed

señal de tránsito
Verkehrsschild

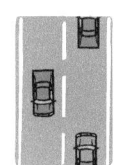

tránsito
Verkehr

embotellamiento
Stau

estacionamiento
Afstellplatz

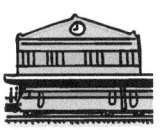

estación de tren
Bahnhoff

vías
Sporen

tren
Tog

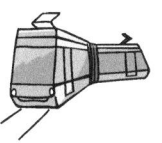

tranvía
Stratenbahn

vagón
Wagon

helicóptero

Dwarsmöhl

aeropuerto

Flooghaven

torre

Tower

pasajero

Fohrgast

contenedor

Grootkist

caja de cartón

Karton

carretilla

Koor

canasta

Korf

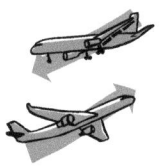

despegar / aterrizar

starten / lannen

ciudad

Stadt

pueblo

Dörp

centro de ciudad

Binnenstadt

casa

Huus

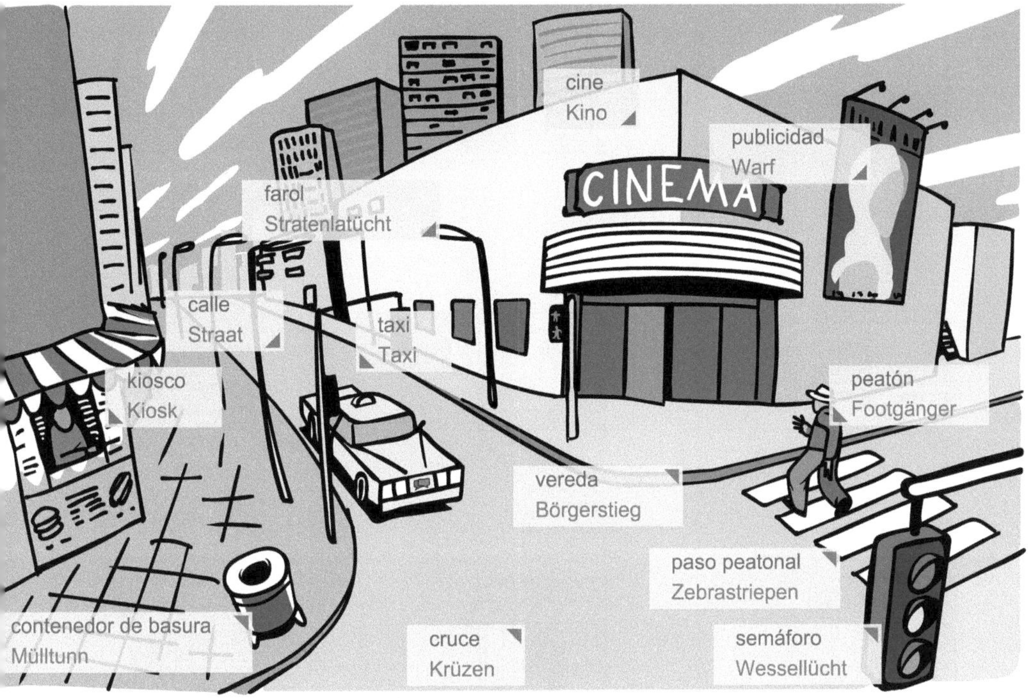
cine
Kino
publicidad
Warf
CINEMA
farol
Stratenlatücht
calle
Straat
taxi
Taxi
kiosco
Kiosk
peatón
Footgänger
vereda
Börgerstieg
paso peatonal
Zebrastriepen
contenedor de basura
Mülltunn
cruce
Krüzen
semáforo
Wessellücht

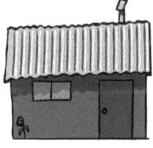

cabaña

Hütt

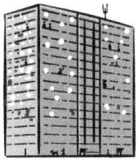

departamento

Wahnung

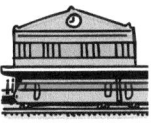

estación de tren

Bahnhoff

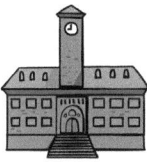

municipalidad

Raathuus

MUSEUM

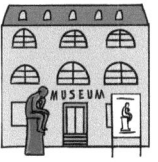

museo

Museum

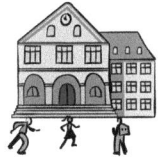

colegio

School

universidad

Universität

banco

Bank

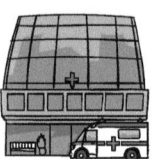

hospital

Krankenhuus

hotel

Hotel

farmacia

Afteek

oficina

Büro

librería

Bookhökerie

negocio

Hökerie

florería

Blomenhökerie

supermercado

Supermarkt

mercado

Markt

grandes tiendas

Koophuus

pescadería

Fischhökerie

centro comercial

Inkoopszentrum

puerto

Haven

ciudad - Stadt

parque

Parkanlaag

banco

Bank

puente

Brüch

escaleras

Trepp

subte

Ünnergrundbahn

túnel

Tunnel

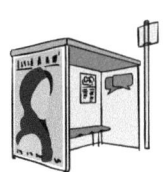

parada del colectivo

Busstoppsteed

bar

Bar

restaurante

Spieslokal

buzón

Breefkassen

letrero

Stratenschild

parquímetro

Parkklock

zoológico

Deertenpark

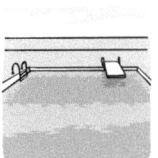

pileta

Baadanstalt

mezquita

Moschee

granja
Buernhoff

contaminación
Ümweltversmudden

cementerio
Karkhoff

iglesia
Kark

juegos infantiles
Speelplatz

templo
Tempel

paisaje
Landschop

hoja
Blatt

poste indicador
Wiespahl

camino
Weg

pradera
Wisch

piedra
Steen

excursionista
Wannerer

árbol
Boom

río
Fluss

hierba
Gras

flor
Bloom

valle

Daal

montaña

Barg

lago

See

bosque

Holt

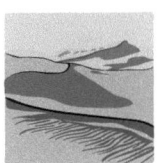

desierto

Wööst

volcán

Füerspien Barg

castillo

Slott

arco iris

Regenbagen

champiñón

Poggenstohl

palmera

Palm

mosquito

Steekmück

mosca

Fleeg

hormiga

Miegeemk

abeja

Imm

araña

Spinn

escarabajo

Sebber

rana

Pogg

ardilla

Katteker

erizo

Swienegel

liebre

Haas

lechuza

Uul

pájaro

Vagel

cisne

Swaan

jabalí

Wildswien

ciervo

Hirsch

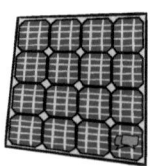

alce

Elk

presa

Staudamm

aerogenerador

Windrad

panel solar

Solarmodul

clima

Klima

restaurante
Spieslokal

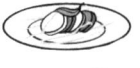

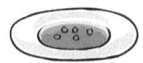

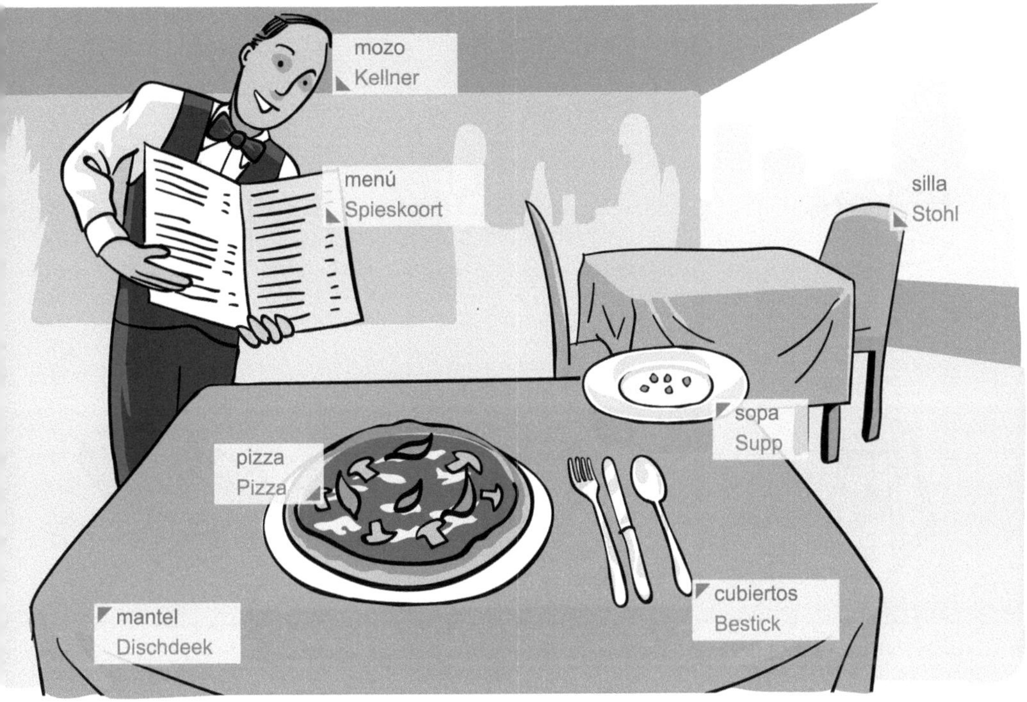
mozo
Kellner
menú
Spieskoort
silla
Stohl
sopa
Supp
pizza
Pizza
cubiertos
Bestick
mantel
Dischdeek

entrada
Vörspies

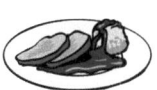

plato principal
Haupteten

postre
Nadisch

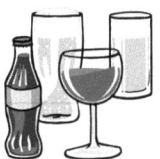

bebidas
Drünk

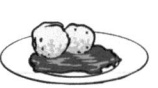

comida
Eten

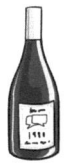

botella
Buddel

comida rápida

Fastfood

comida callejera

Strateneten

tetera

Teekann

azucarera

Zuckerdoos

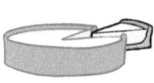

porción

Portschoon

cafetera expreso

Espressomaschien

sillita alta

Hoochstohl

cuenta

Reken

bandeja

Tablett

cuchillo

Mess

tenedor

Gavel

cuchara

Lepel

cucharita

Teelepel

servilleta

Munddook

vaso

Glas

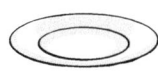

plato

Töller

plato hondo

Suppentöller

plato

Ünnertass

salsa

Sooß

salero

Soltstreuer

molinillo de pimienta

Pepermöhl

vinagre

Etig

aceite

Ööl

especias

Krüder

kétchup

Ketchup

mostaza

Mostrich

mayonesa

Mayonnaise

supermercado
Supermarkt

oferta especial
Anbott
FOR
cliente
Kunn
lácteos
Melkprodukten
fruta
Aaft
changuito
Inkoopswagen

BUTCHERS

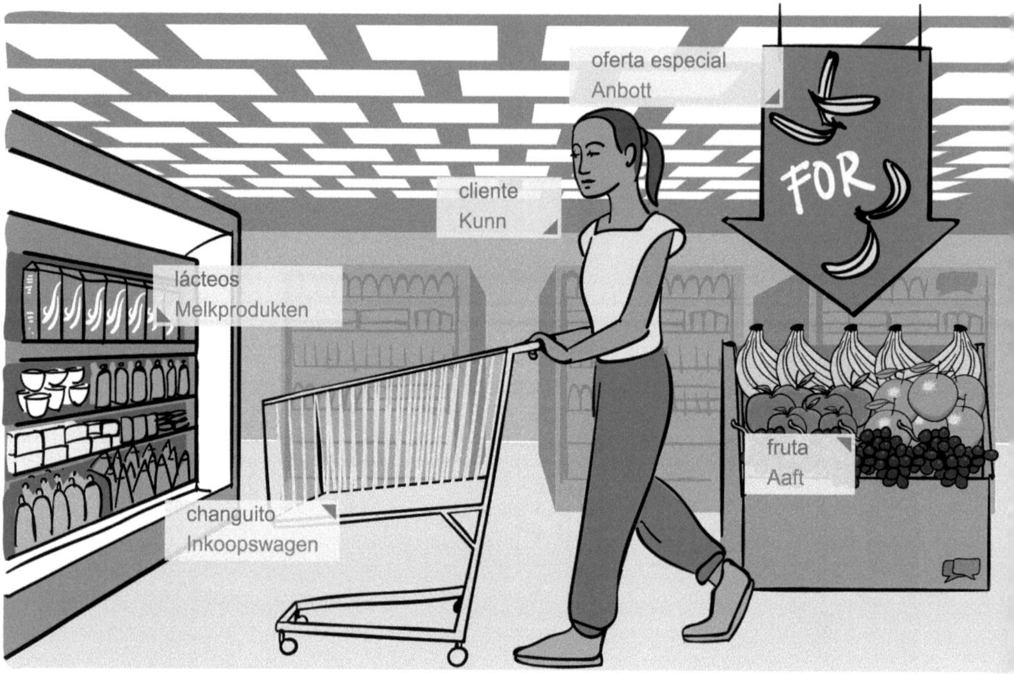

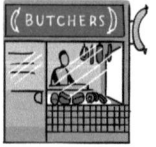

carnicería

Slachterie

BAKERY

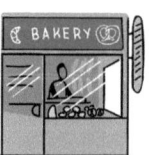

panadería

Bäckerie

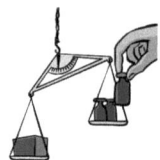

pesar

wegen

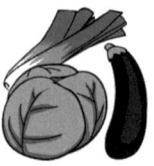

verduras

Gröönsaken

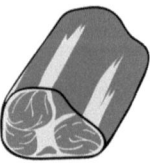

carne

Fleesch

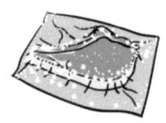

alimentos congelados

Deepköhlkost

fiambres

Opsnitt

alimentos enlatados

Konserven

detergente en polvo

Waschmiddel

golosinas

Snoopkraam

electrodomésticos

Huushooltssaken

productos de limpieza

Reinmaaktüüch

vendedora

Verköpersche

caja

Kass

cajero

Kasserer

lista de compras

Inkoopslist

horario de atención

Opsparrtieden

billetera

Breeftasch

tarjeta de crédito

Kreditkoort

cartera

Tasch

bolsa de plástico

Plastiktüüt

agua

Water

jugo

Saft

leche

Melk

bebida cola

Cola

vino

Wien

cerveza

Beer

alcohol

Spriet

cacao

Kakao

té

Tee

café

Koffie

café expreso

Espresso

cappuccino

Cappucino

banana

Banaan

manzana

Appel

naranja

Appelsien

melón

Meloon

limón

Zitroon

zanahoria

Wöttel

ajo

Knuuvlook

bambú

Bambus

cebolla

Zibbel

champiñón

Poggenstohl

nueces

Nööt

fideos

Nudeln

tallarines

Spaghetti

arroz

Ries

ensalada

Salat

papas fritas

Pommes frites

papas fritas

Braadkantüffeln

pizza

Pizza

hamburguesa

Hamborger

sándwich

Sandwich

churrasco

Snitzel

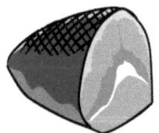

jamón

Schinken

salame

Salami

salchicha

Wust

pollo

Hohn

asado

Braden

pescado

Fisch

copos de avena

Haverflocken

muesli

Müsli

copos de maíz

Cornflakes

harina

Mehl

medialuna

Croissant

pancito

Rundstück

pan

Broot

tostada

Toast

galletitas

Keksen

manteca

Botter

cuajada

Quark

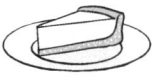

torta

Koken

huevo

Ei

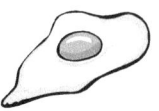

huevo frito

Spegelei

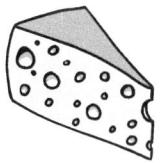

queso

Kees

helado

Ies

azúcar

Zucker

miel

Honnig

mermelada

Marmelaad

pasta de chocolate

Nougat-Creme

curry

Curry

granja
Buernhoff

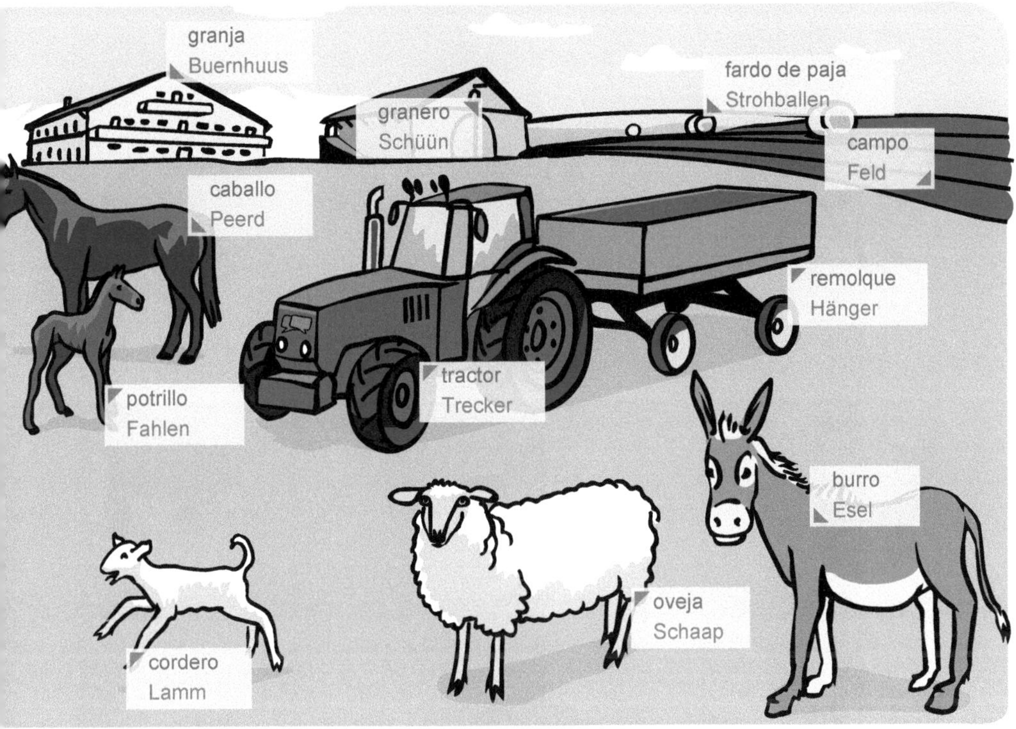

granja
Buernhuus
fardo de paja
Strohballen
granero
Schüün
campo
Feld
caballo
Peerd
remolque
Hänger
tractor
Trecker
potrillo
Fahlen
burro
Esel
oveja
Schaap
cordero
Lamm

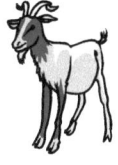

cabra
Zeeg

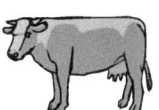

vaca
Koh

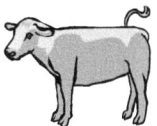

ternero
Kalf

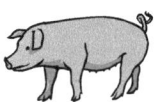

cerdo
Swien

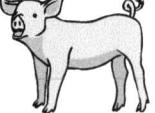

lechón
Farken

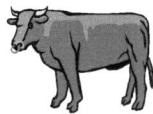

toro
Bull

ganso

Goos

pato

Aant

pollo

Küken

gallina

Hohn

gallo

Hahn

rata

Rott

gato

Katt

ratón

Muus

buey

Oss

perro

Hund

cucha

Hunnenhütt

manguera

Goornslauch

regadera

Geetkann

guadaña

Lee

arado

Ploog

hoz

Sich

azada

Hack

horquilla

Mestfork

hacha

Ext

carretilla

Schuufkoor

abrevadero

Trog

lechera

Melkkann

bolsa

Sack

reja

Tuun

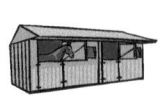

establo

Stall

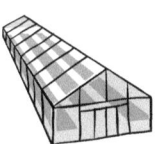

invernadero

Drievhuus

suelo

Bodden

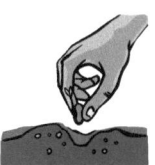

semilla

Saat

fertilizador

Dünger

cosechadora

Meihdöscher

cosechar

oornen

cosecha

Oorn

batatas

Yamswöttel

trigo

Weten

soja

Soja

papa

Kantüffel

maíz

Törksche Weten

semilla de colza

Rapp

árbol frutal

Aaftboom

mandioca

Troopsch Kantüffel

cereales

Koorn

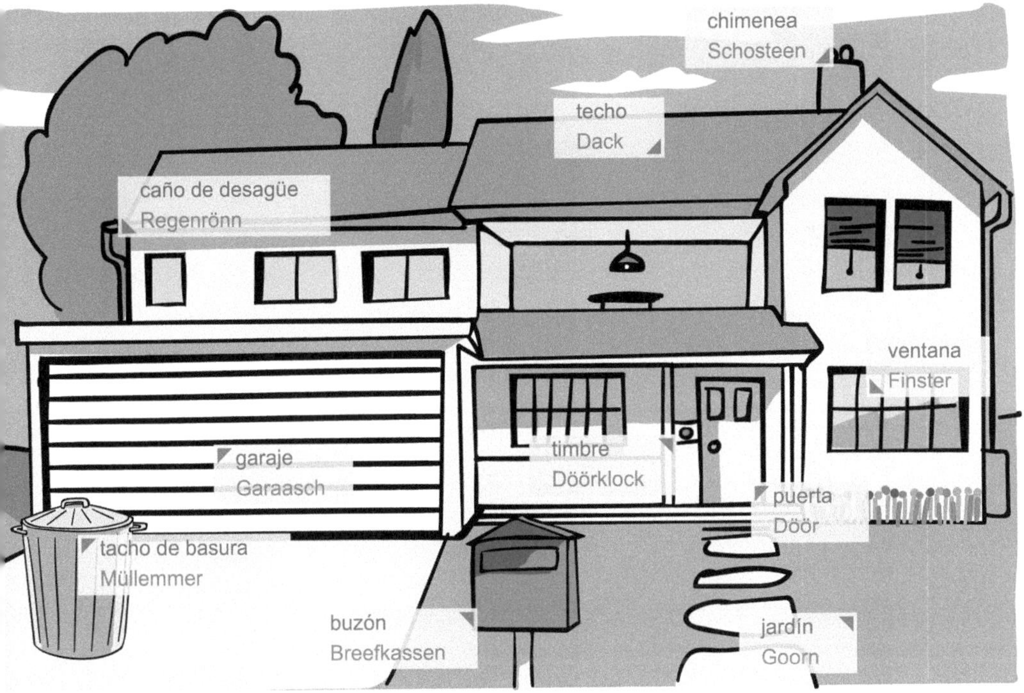

chimenea
Schosteen

techo
Dack

caño de desagüe
Regenrönn

ventana
Finster

garaje
Garaasch

timbre
Döörklock

puerta
Döör

tacho de basura
Müllemmer

buzón
Breefkassen

jardín
Goorn

living

Wahnstuuv

baño

Baadstuuv

cocina

Köök

dormitorio

Slaapstuuv

cuarto de los chicos

Kinnerstuuv

comedor

Eetstuuv

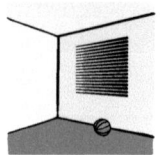

piso

Footbodden

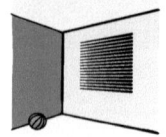

pared

Wand

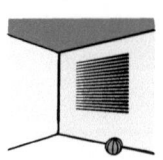

cielorraso

Deek

sótano

Keller

sauna

Hittluftbad

balcón

Balkon

terraza

Terrass

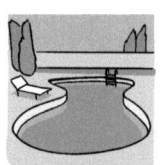

pileta

Swümmbad

cortadora de pasto

Rasenmeiher

sábana

Bettbetog

acolchado

Bettdeek

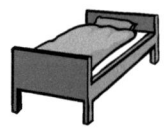

cama

Puuch

escoba

Bessen

balde

Emmer

interruptor

Schalter

living
Wahnstuuv

empapelado
Tapeet
imagen
Bild
lámpara
Lamp
estante
Regal
armario
Schapp
televisión
Kiekkassen
chimenea
Kamin
flor
Bloom
almohadón
Küssen
sofá
Sofa
florero
Vaas
control remoto
Feernbedenen

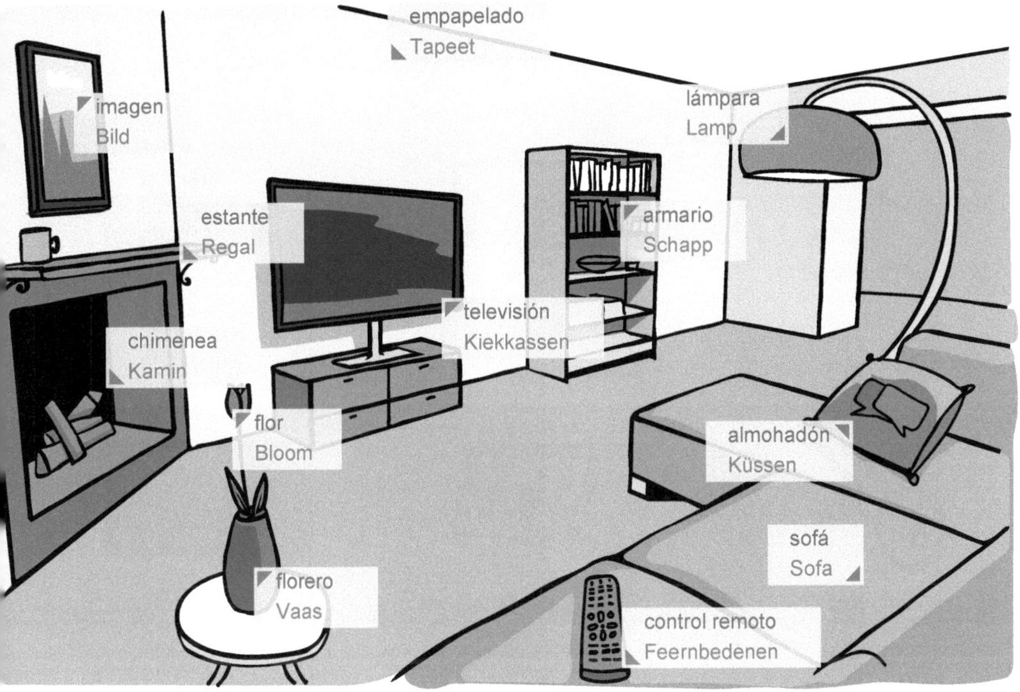

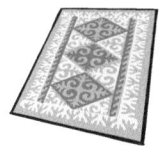

alfombra
Teppich

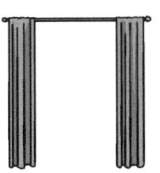

cortina
Vörhang

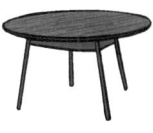

mesa
Disch

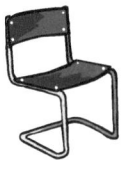

silla
Stohl

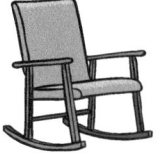

mecedora
Schuckelstohl

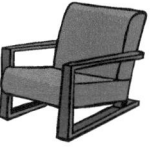

sillón
Sessel

libro

Book

frazada

Deek

decoración

Dekoratschoon

leña

Füerholt

película

Film

equipo de música

Stereoanlaag

llave

Slötel

diario

Narichtenblatt

pintura

Gemälde

póster

Poster

radio

Radio

cuaderno

Opschrievblock

aspiradora

Huulbessen

cactus

Kaktus

vela

Kars

cocina
Köök

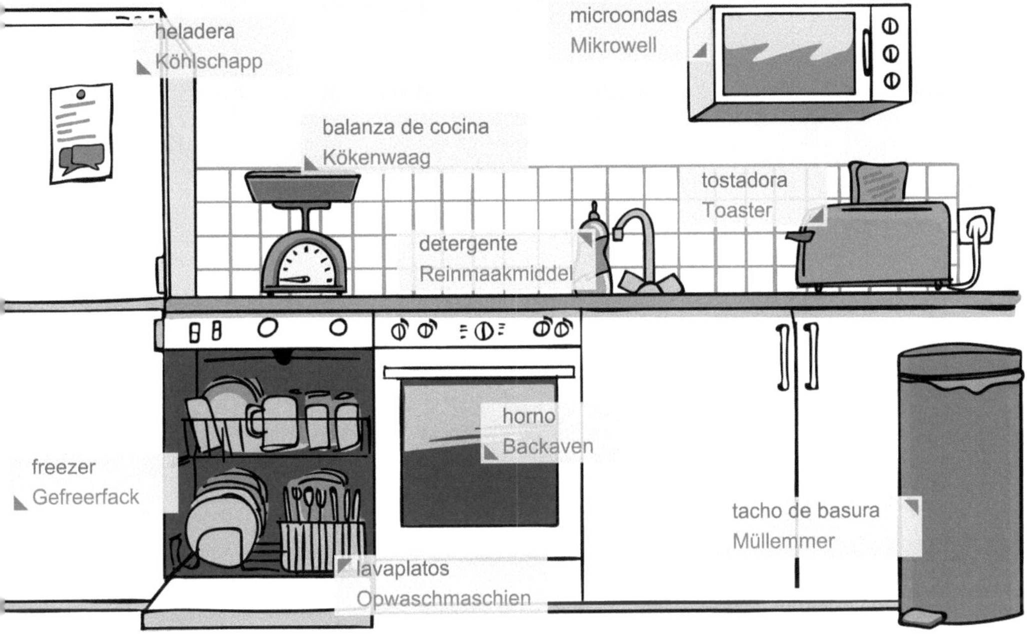
heladera
Köhlschapp
microondas
Mikrowell
balanza de cocina
Kökenwaag
tostadora
Toaster
detergente
Reinmaakmiddel
horno
Backaven
freezer
Gefreerfack
tacho de basura
Müllemmer
lavaplatos
Opwaschmaschien

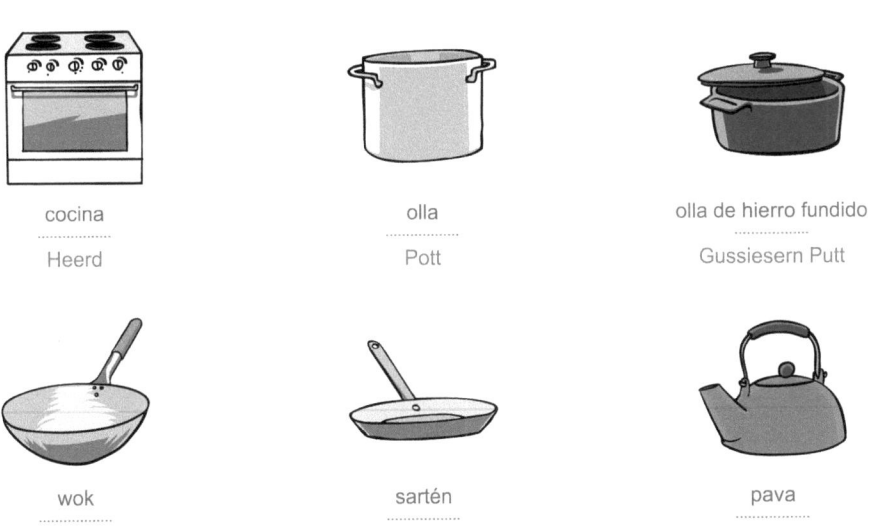

cocina

Heerd

olla

Pott

olla de hierro fundido

Gussiesern Putt

wok

Wok / Kadai

sartén

Pann

pava

Waterkaker

vaporera

Dampkaakputt

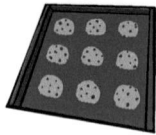

bandeja de horno

Backblick

vajilla

Geschirr

taza

Beker

bol

Schaal

palitos

Eetsticken

cucharón

Suppenkell

estpátula

Pannenwenner

batidora

Sneebessen

colador

Kaakseef

colador

Seef

rallador

Riev

mortero

Mörser

parrilla

Grill

fogata

Füerstell

tabla de picar
Sniedbrett

palo de amasar
Nudelholt

sacacorchos
Proppentrecker

lata
Doos

abrelatas
Dosenaapner

manopla
Pottlappen

pileta
Waschbecken

cepillo
Böst

esponja
Swamm

batidora
Mixer

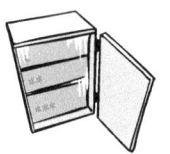

congelador
lesschapp

mamadera
Nuckelbuddel

canilla
Waterhahn

baño
Baadstuuv

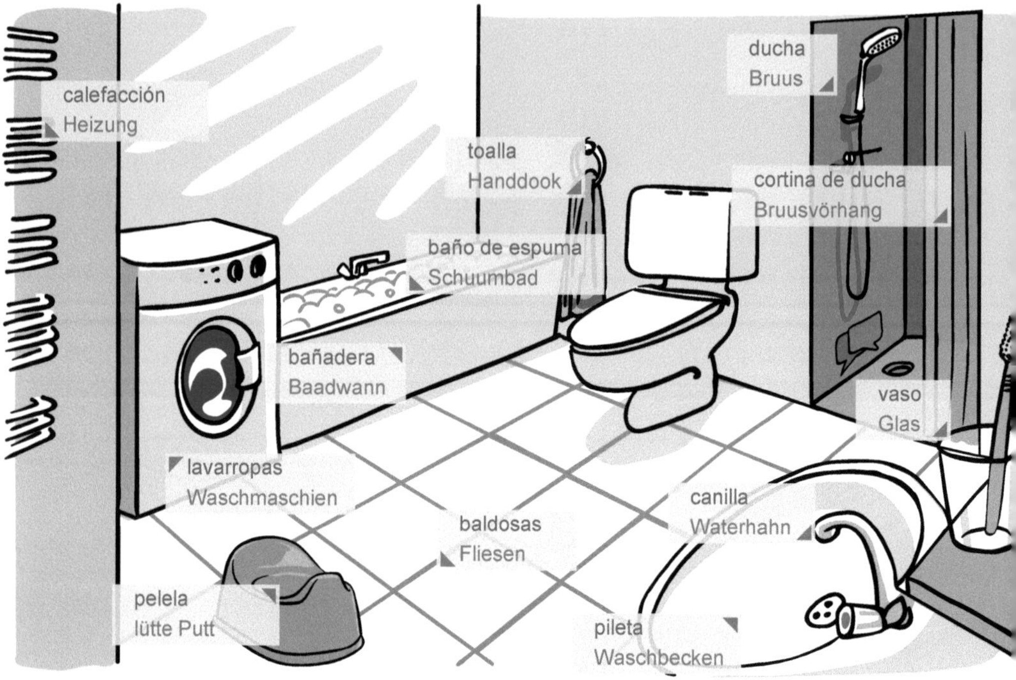

calefacción
Heizung
ducha
Bruus
toalla
Handdook
cortina de ducha
Bruusvörhang
baño de espuma
Schuumbad
bañadera
Baadwann
vaso
Glas
lavarropas
Waschmaschien
canilla
Waterhahn
baldosas
Fliesen
pelela
lütte Putt
pileta
Waschbecken

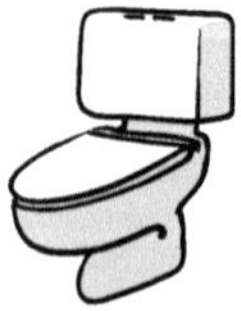

inodoro

Tante Meier

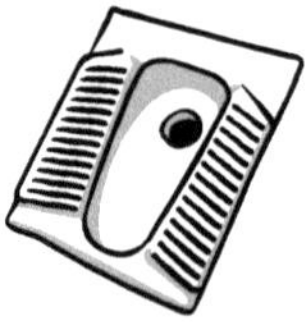

letrina

Hockklo

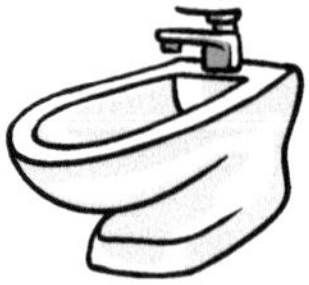

bidé

Bidet

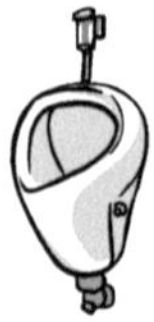

mingitorio

Miegbecken

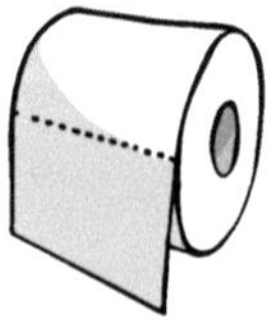

papel higiénico

Klopapeer

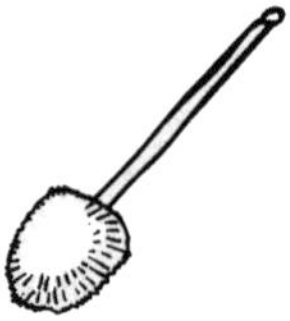

cepillo para el inodoro

Kloböst

cepillo de dientes

Tähnböst

dentífrico

Tähnpast

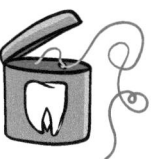

hilo dental

Tähnsied

lavar

waschen

ducha de mano

Handbruus

ducha higiénica

Intimbruus

palangana

Waschschöttel

cepillo para espalda

Rüchböst

jabón

Seep

gel de ducha

Bruusgeel

shampoo

Hoorwaschmiddel

toallita

Waschlappen

desagüe

Afloop

crema

Creme

desodorante

Deodorant

espejo

Spegel

espejito

Kosmetikspegel

maquinita de afeitar

Raserer

espuma de afeitar

Raseerschuum

aftershave

Raseerwater

peine

Kamm

cepillo

Böst

secador de pelo

Hoordröger

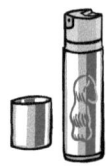

spray

Hoorspray

maquillaje

Smink

lápiz de labios

Lippensticken

esmalte para uñas

Nagellack

algodón

Watt

tijera para uñas

Nagelscheer

perfume

Rüükwater

portacosméticos

Kulturbüdel

banqueta

Schemel

balanza

Waag

bata

Baadmantel

guantes de goma

Gummihanschen

tampón

Tampon

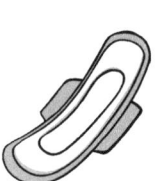

toallita femenina

Damenbinn

baño químico

Chemieklo

cuarto de los chicos
Kinnerstuuv

despertador
Wecker
peluche
Knudeldeert
coche de juguete
Speeltüüchauto
sonajero
Klöter
casa de muñecas
Poppenhuus
regalo
Geschenk

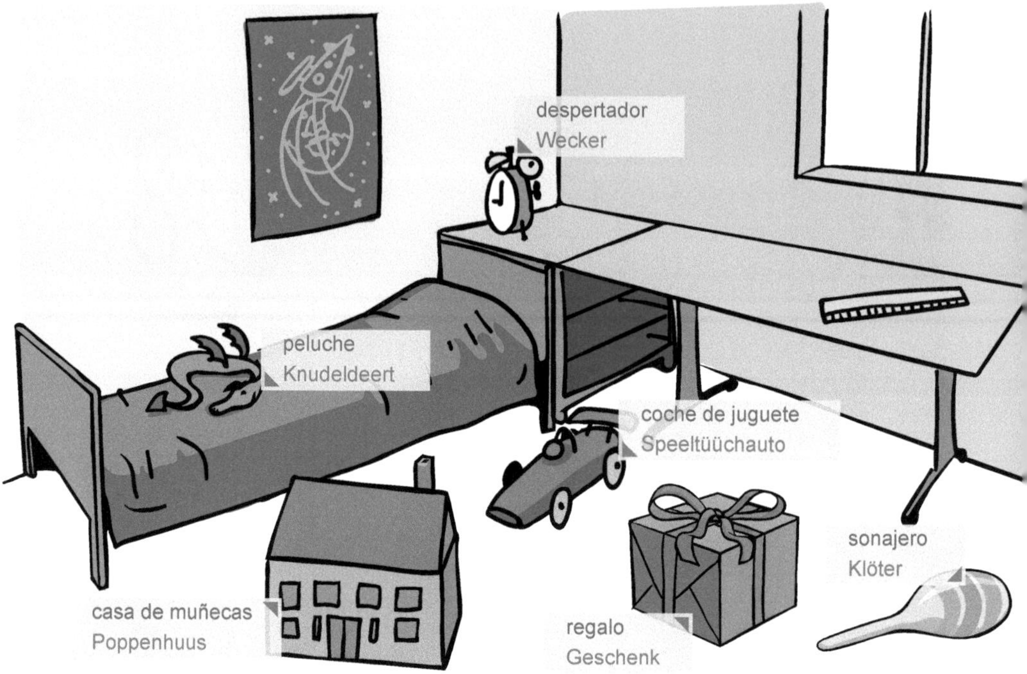

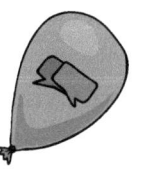

globo

Luftballon

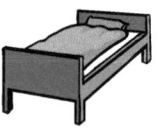

cama

Puuch

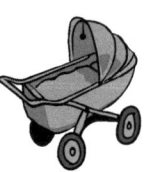

cochecito

Kinnerwagen

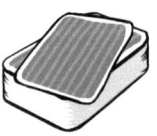

cartas

Koortenspeel

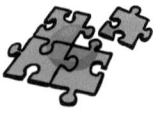

rompecabezas

Puzzle

SUPER
MEGA

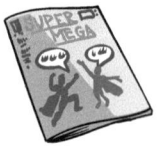

historieta

Billergeschicht

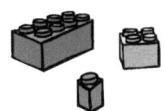

piezas de lego

Legostenen

ladrillos de juguete

Bustenen

figura de acción

Action-Figur

enterito (de bebé)

Strampelantog

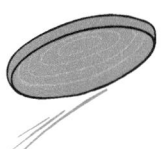

frisbee

Frisbeeschiev

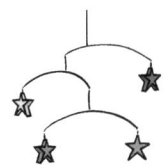

móvil para bebés

Mobile

juego de mesa

Brettspeel

dados

Wörpel

tren eléctrico

Modelliesenbahn

chupete

Snuller

fiesta

Party

libro de cuentos ilustrado

Billerbook

pelota

Ball

muñeca

Popp

jugar

spelen

arenero

Sandkassen

hamaca

Schuckel

juguetes

Speeltüüch

consola de videojuegos

Speelkonsool

triciclo

Dreerad

osito de peluche

Teddyboor

armario

Klederschapp

ropa

Tüüch

medias

Socken

medias panty

Strümp

calzas

Strumpbüx

bufanda
Halsdook

paraguas
Paraplü

remera
T-Shirt

cinturón
Liefreem

botas
Stevel

pantuflas
Puuschen

zapatillas
Turnschoh

sandalias
....
Sandalen

zapatos
....
Schoh

botas de goma
....
Gummistevel

ropa interior
....
Ünnerbüx

corpiño
....
Bostholler

chaleco
....
Ünnerhemd

body
Lief

pantalones
Büx

jeans
Jeansnüx

pollera
Rock

blusa
Bluus

camisa
Hemd

pulóver
Pullover

buzo
Kapuzenpullover

blazer
Blazer

campera
Jack

tapado
Mantel

piloto
Övertrecker

traje
Kostüm

vestido
Kleed

vestido de novia
Hochtietskleed

traje
Antog

camisón
Nachtkleed

pijama
Slaapantog

sari
Sari

pañuelo para cabeza
Koppdook

turbante
Turban

burka
Burka

caftán
Kaftan

abaya
Abaya

traje de baño
Baadantog

short de baño
Baadbüx

shorts
Korte Büx

jogging
Antog to'n Öven

delantal
Schört

guantes
Handschoh

botón

Knopp

anteojos

Brill

pulsera

Armband

collar

Halskeed

anillo

Ring

aro

Ohrbummel

gorra

Mütz

percha

Klederbögel

sombrero

Hoot

corbata

Binner

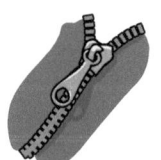

cierre

Rietslüter

casco

Helm

tiradores

Drachtband

uniforme escolar

Schooluniform

uniforme

Uniform

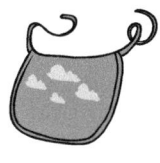

babero

Severböten

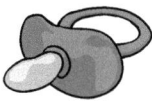

chupete

Snuller

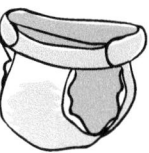

pañal

Winnel

oficina
Büro

servidor
Server
archivero
Aktenschapp
impresora
Drucker
papel
Papeer
monitor
Bildschirm
mouse
Muus
escritorio
Schrievdisch
carpeta
Orner
teclado
Knoopboord
silla
Stohl
tacho (de basura)
Papeerkorf
computadora
Computer

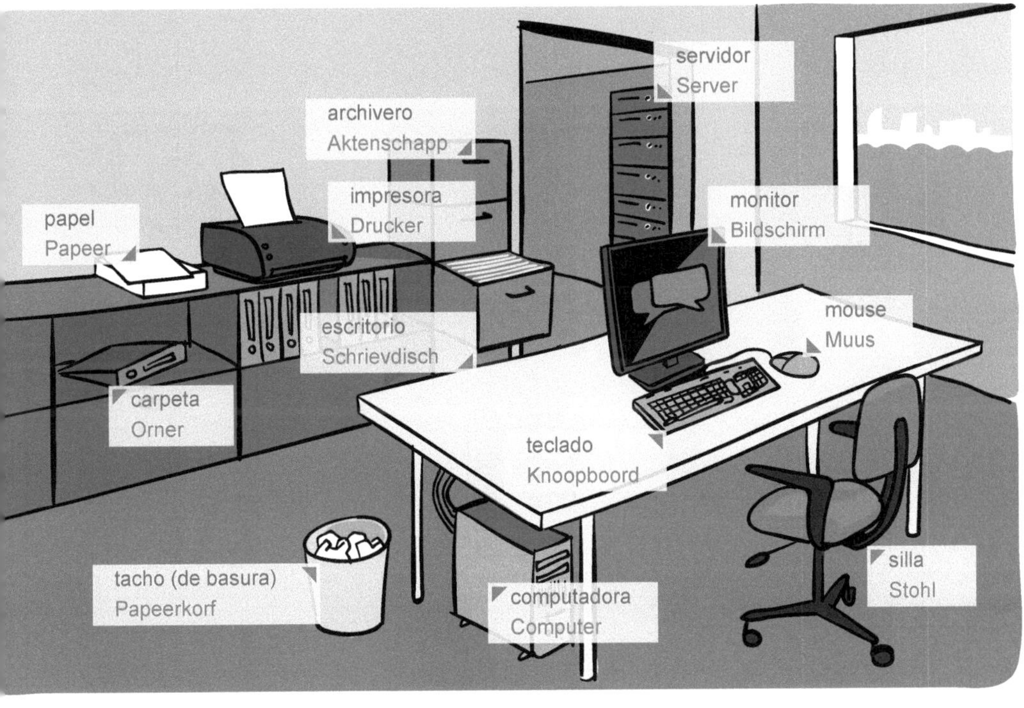

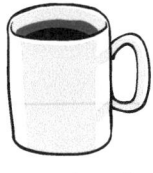

taza de café

Koffiebeker

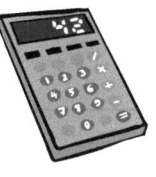

calculadora

Taschenreekner

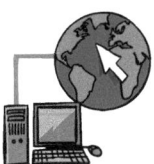

internet

Internet

laptop

Klappreekner

carta

Breef

mensaje

Naricht

celular

Ackersnacker

red

Nettwark

fotocopiadora

Kopeerapparat

software

Software

teléfono

Klöönkassen

tomacorriente

Steekdoos

fax

Faxapparat

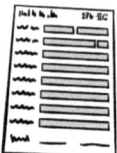

formulario

Formulor

documento

Dokument

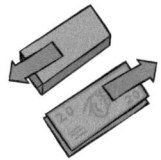

comprar

köpen

pagar

betahlen

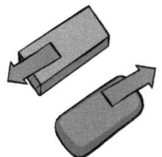

hacer negocios

hanneln

dinero

Geld

USD

dólar

Dollar

EUR

euro

Euro

JPY

yen

Yen

RUB

rublo

Ruvel

CHF

franco suizo

Swiezer Franken

CNY

yuan

Renminbi Yuan

INR

rupia

Rupie

cajero automático

Geldautomat

casa de cambio

Wesselstuuv

oro

Gold

plata

Sülver

petróleo

Ööl

energía

Energie

precio

Pries

contrato

Verdrag

impuesto

Stüer

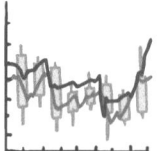

acción

Andeelschien

trabajar

arbeiden

empleado

Anstellte

empleador

Arbeitgever

fábrica

Fabrik

negocio

Hökerie

ocupaciones
Profeschonen

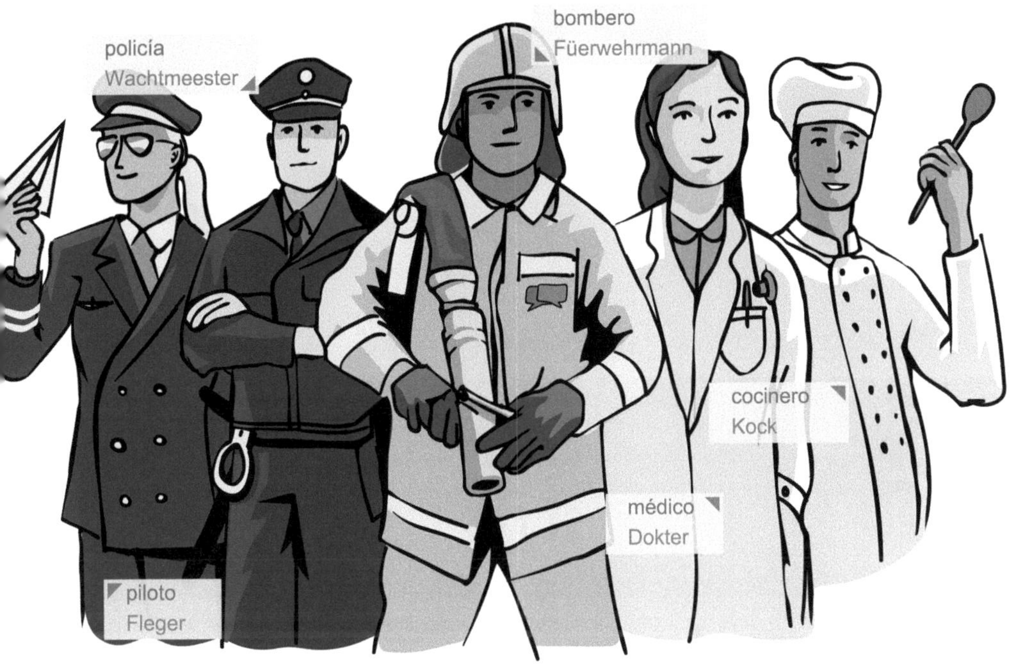

bombero
Füerwehrmann
policía
Wachtmeester
cocinero
Kock
médico
Dokter
piloto
Fleger

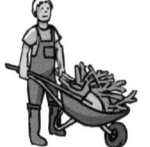

jardinero

Goorner

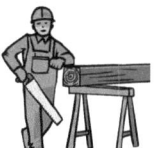

carpintero

Discher

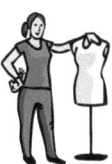

modista

Neihersche

juez

Richter

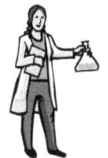

farmacéutico

Chemiker

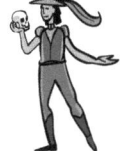

actor

Schauspeler

colectivero

Busfohrer

taxista

Taxifohrer

pescador

Fischer

mucama

Reinmaakfru

techista

Dackdecker

mozo

Kellner

cazador

Jäger

pintor

Maler

panadero

Bäcker

electricista

Elektriker

albañil

Buarbeider

ingeniero

Ingenieur

carnicero

Slachter

plomero

Klempner

cartero

Postbüdel

soldado
Suldat

arquitecto
Architekt

cajero
Kasserer

florista
Florist

peluquero
Putzbüdel

cobrador
Schaffner

mecánico
Mechaniker

capitán
Kaptein

dentista
Tähndokter

científico
Wetenschopler

rabino
Rabbi

imán
Imam

monje
Mönk

sacerdote
Paap

herramientas
Warktüüch

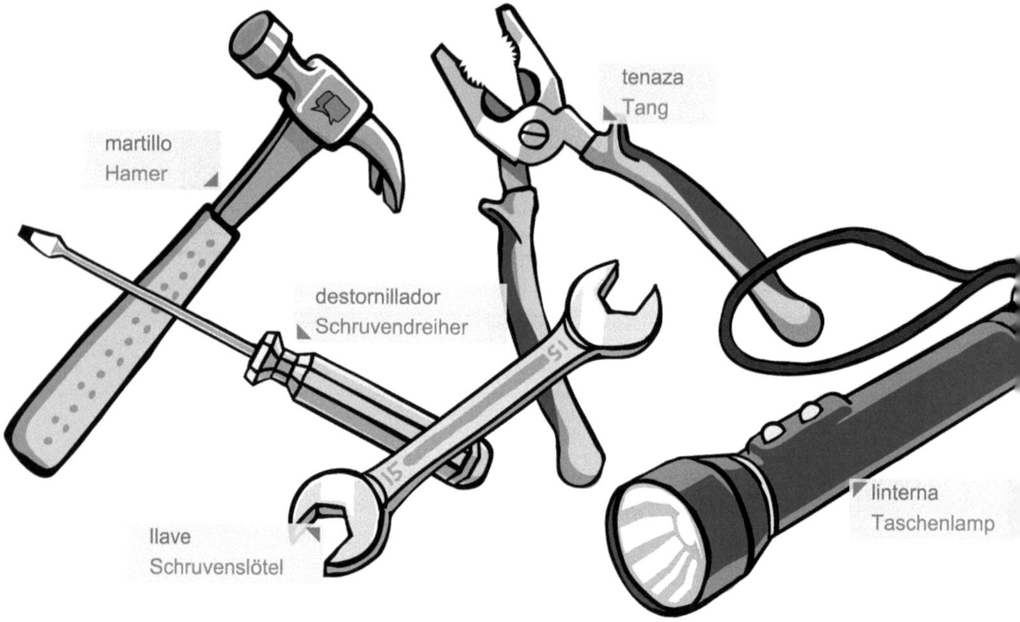
martillo
Hamer
tenaza
Tang
destornillador
Schruvendreiher
llave
Schruvenslötel
linterna
Taschenlamp

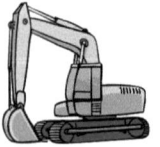

excavadora

Grieper

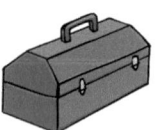

caja de herramientas

Warktüüchkassen

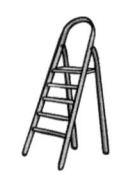

escalera portátil

Ledder

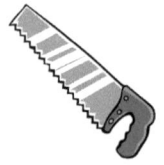

sierra

Saag

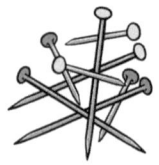

clavos

Nagels

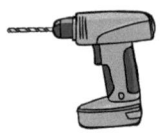

taladro

Bohrer

arreglar

heelmaken

pala de jardín

Schüffel

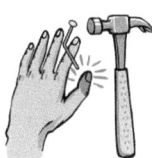

¡Qué bronca!

Schiet!

pala de plástico

Kehrblick

tacho de pintura

Farvpott

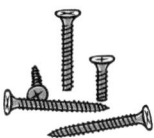

tornillos

Schruven

instrumentos musicales
Musikinstrumenten

parlante
Luutsnacker

batería
Slagtüüch

guitarra
Rietfiedel

contrabajo
Bass-Vigelien

trompeta
Trumpeet

piano

Klaveer

violín

Vigelien

bajo

Bass

timbales

Pauk

tambor

Trummeln

teclado

Keyboard

saxofón

Saxophon

flauta

Fleut

micrófono

Mikrofoon

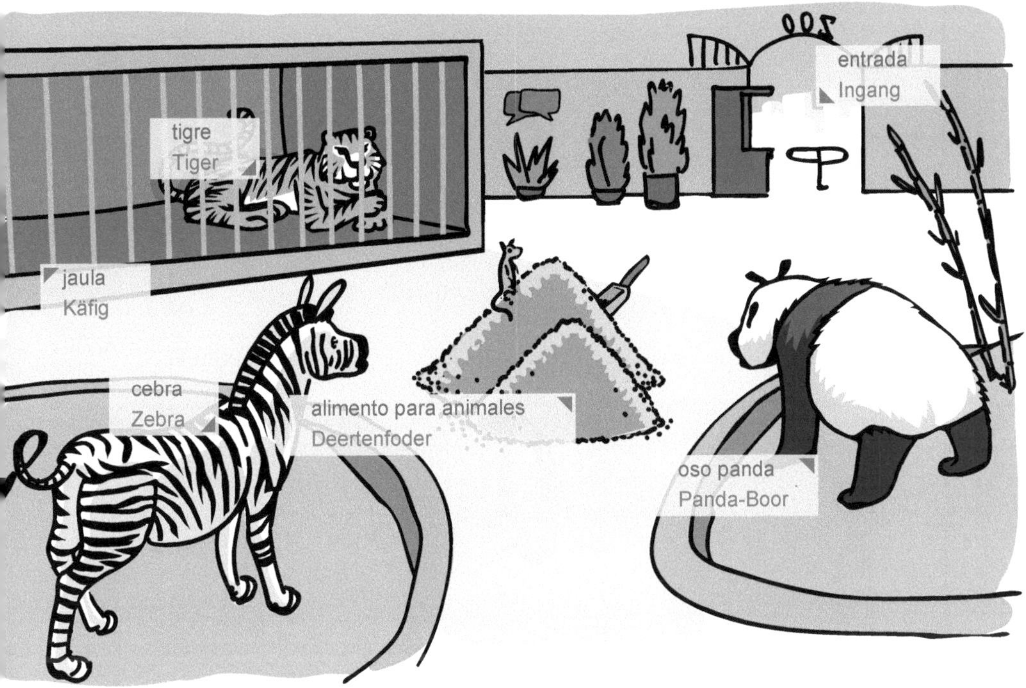

entrada
Ingang

tigre
Tiger

jaula
Käfig

cebra
Zebra

alimento para animales
Deertenfoder

oso panda
Panda-Boor

animales
Deerten

elefante
Elefant

canguro
Känguru

rinoceronte
Neeshoorn

gorila
Gorilla

oso
Boor

camello

Kameel

avestruz

Struuß

león

Lööv

mono

Aap

flamenco

Flamingo

loro

Papagoi

oso polar

Iesboor

pingüino

Pinguin

tiburón

Haifisch

pavo real

Pageluun

serpiente

Slang

cocodrilo

Krokodil

cuidador del zoológico

Oppasser in'n Deertenpark

foca

Saalhund

jaguar

Jaguor

poni

Pony

leopardo

Leopard

hipopótamo

Nilpeerd

jirafa

Giraff

águila

Aadler

jabalí

Wildswien

pescado

Fisch

tortuga

Schildkrööt

morsa

Walross

zorro

Voss

gacela

Gazell

fútbol americano
Amerikaansch Football

ciclismo
Radfohren

tenis
Tennis

básquet
Korfball

natación
Swümmen

boxeo
Boxen

hockey sobre hielo
Ieshockey

fútbol
Football

bádminton
Fedderball

atletismo
Leichtathletik

handball
Handball

esquí
Skilopen

polo
Polo

actividades
Aktivitäten

saltar
springen
abrazar
ümarmen
reír
lachen
caminar
gahn
cantar
singen
soñar
drömen
rezar
beden
besar
snuteln

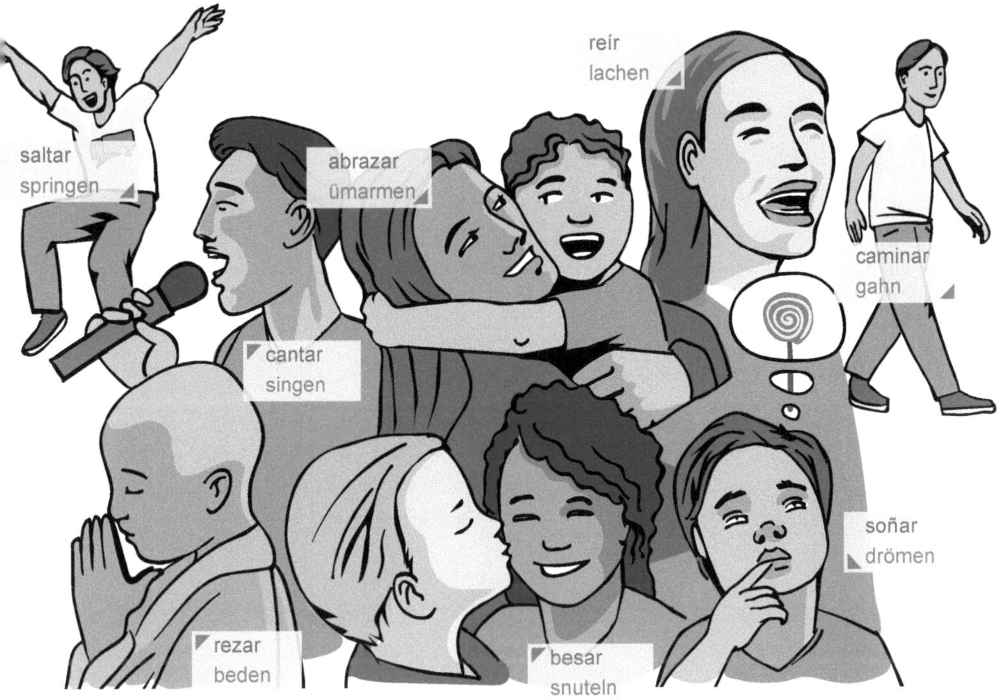

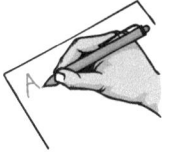

escribir
schrieven

dibujar
teken

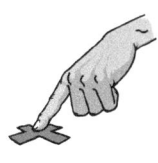

mostrar
wiesen

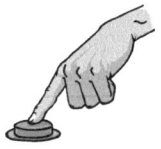

presionar
drücken

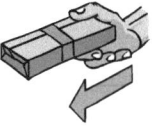

dar
geven

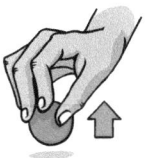

tomar
nehmen

tener

hebben

hacer

doon

ser

sien

estar parado

stahn

correr

lopen

tirar

trecken

tirar

smieten

caer

fallen

estar acostado

liggen

esperar

töven

llevar

dregen

estar sentado

sitten

vestirse

antrecken

dormir

slapen

despertar

opwaken

mirar
ankieken

llorar
wenen

acariciar
eien

peinar
kämmen

hablar
snacken

entender
verstahn

preguntar
fragen

escuchar
hören

beber
drinken

comer
eten

ordenar
oprümen

amar
leefhebben

cocinar
kaken

manejar
fohren

volar
flegen

navegar

segeln

calcular

reken

leer

lesen

aprender

lehren

trabajar

arbeiden

casarse

de Plünnen tohoopsmieten

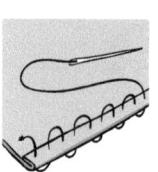

coser

neihen

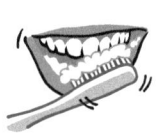

cepillarse los dientes

Tähnen putzen

matar

dootmaken

fumar

smöken

enviar

schicken

abuela
Grootmoder

abuelo
Grootvadder

padre
Vadder

madre
Moder

bebé
Winnelkind

hija
Dochter

hijo
Söhn

invitado
Gast

tía
Tant

tío
Unkel

hermano
Broder

hermana
Süster

cuerpo
Lief

frente
Vörkopp
ojo
Oog
hombro
Schuller
dedo
Finger
cara
Gesicht
pera
Kinn
mano
Hand
pierna
Been
pecho
Bost
brazo
Arm

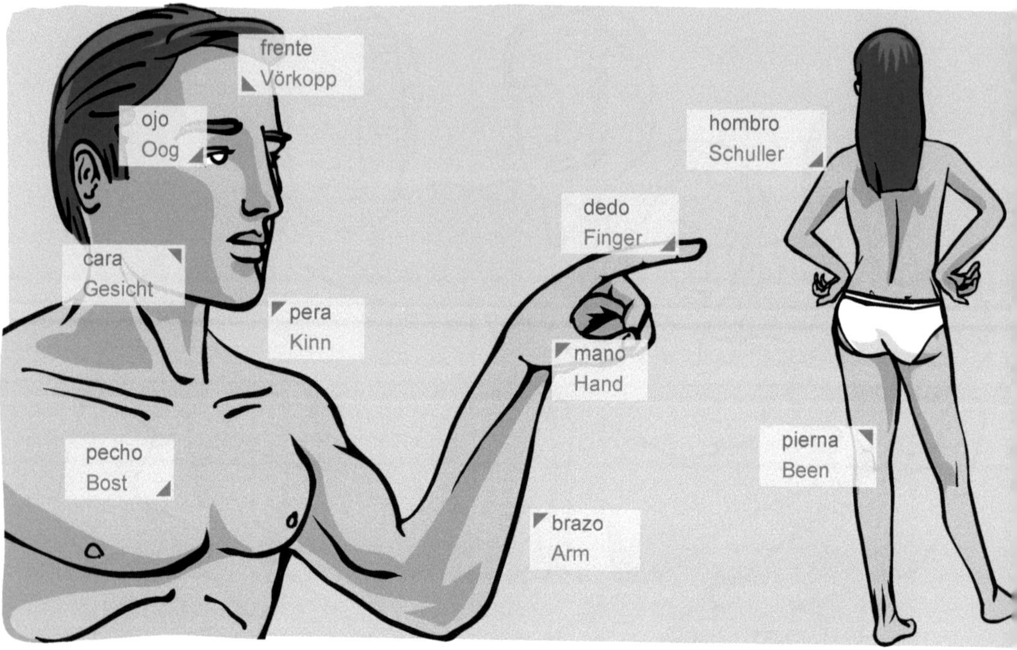

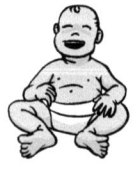

bebé

Winnelkind

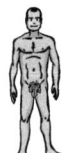

hombre

Mann

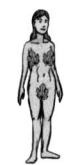

mujer

Fro

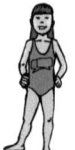

nena

Deern

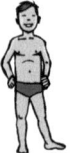

nene

Jung

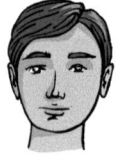

cabeza

Arm

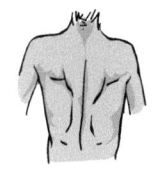

espalda
....
Rüch

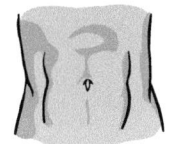

panza
....
Buuk

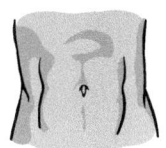

ombligo
....
Navel

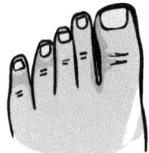

dedo del pie
....
Teh

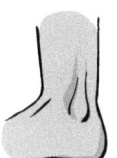

talón
....
Hack

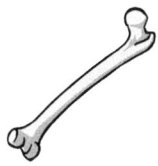

hueso
....
Knaken

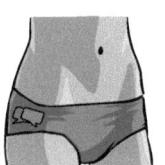

cadera
....
Hüft

rodilla
....
Knee

codo
....
Ellbagen

nariz
....
Nees

cola
....
Achtersen

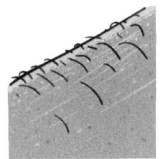

piel
....
Huut

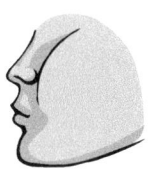

cachete
....
Back

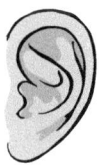

oreja
....
Ohr

labio
....
Lipp

boca

Mund

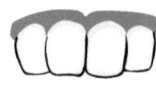

diente

Tähn

lengua

Tung

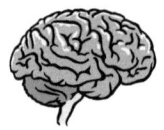

cerebro

Bregen

corazón

Hart

músculo

Muskel

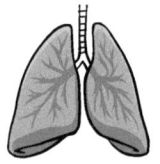

pulmón

Lung

hígado

Lever

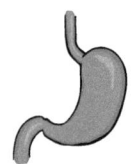

estómago

Maag

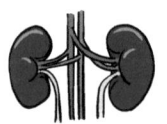

riñones

Neren

sexo

Bislaap

preservativo

Kondoom

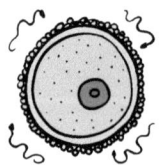

óvulo

Eizell

semen

Sperma

embarazo

Anner Ümstänn

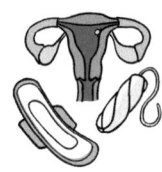

menstruación

Menstruatschoon

vagina

Scheed

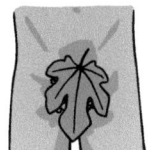

pene

Pint

ceja

Ogenbroe

pelo

Hoor

cuello

Hals

hospital

Krankenhuus

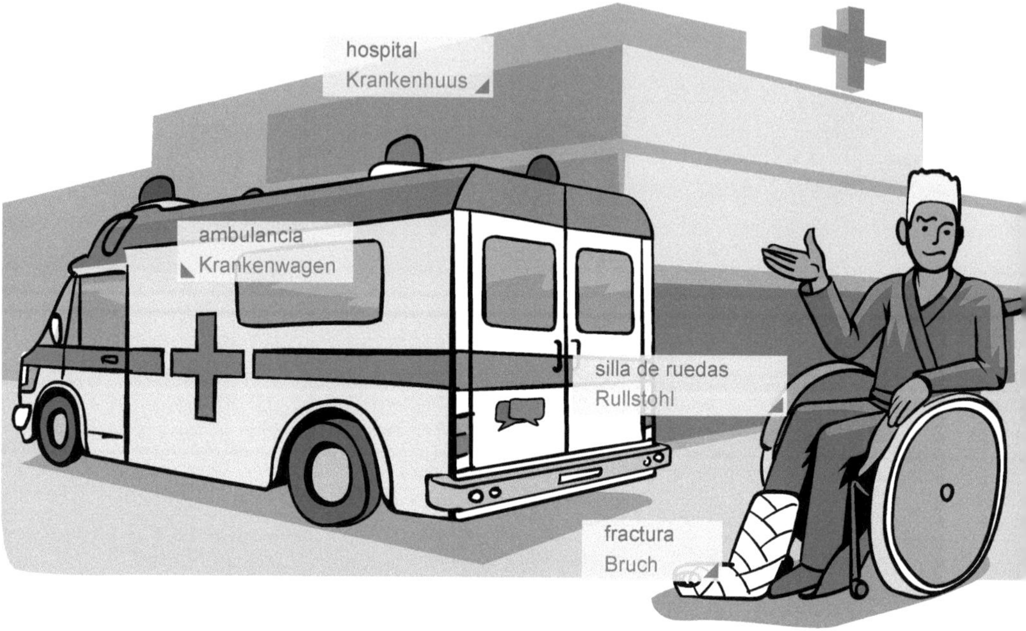

hospital
Krankenhuus
ambulancia
Krankenwagen
silla de ruedas
Rullstohl
fractura
Bruch

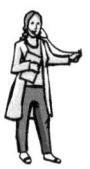

médico

Dokter

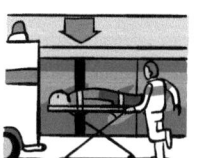

sala de guardia

Nootopnahm

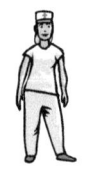

enfermera

Krankensüster

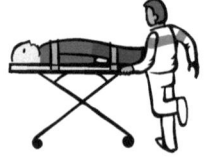

emergencia

Nootfall

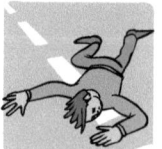

inconsciente

ahnmächtig

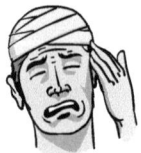

dolor

Wehdaag

lesión

Verwunnen

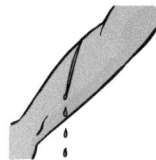

hemorragia

Blöden

infarto

Hartinfarkt

ACV

Slaganfall

alergia

Allergie

tos

Hoosten

fiebre

Fever

gripe

Gripp

diarrea

Dörchfall

dolor de cabeza

Koppwehdaag

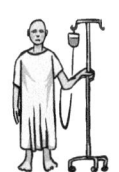

cáncer

Kreeft

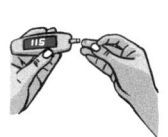

diabetes

Zuckersüük

cirujano

Chirurg

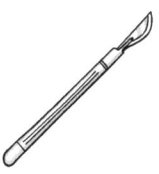

bisturí

Chirurgsch Mess

operación

Operatschoon

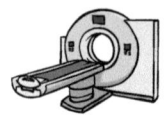

TC
CT

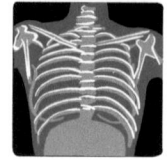

rayos x
Dörchlüchten

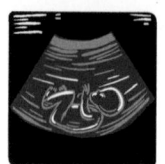

ecografía
Ultraschall

barbijo
Mask

enfermedad
Krankheit

sala de espera
Töövruum

muleta
Krück

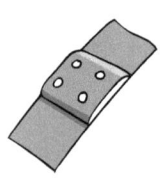

curita
Plaaster

venda
Verband

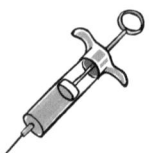

inyección
Insprütten

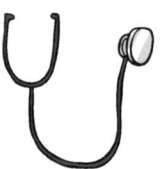

estetoscopio
Stethoskop

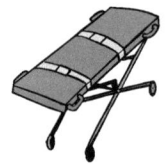

camilla
Draag

termómetro
Feverthermometer

nacimiento
Geboort

sobrepeso
Övergewicht

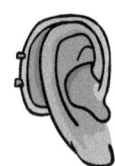

audífono

Höörapparat

desinfectante

Kiemfriemiddel

infección

Ansteken

virus

Virus

VIH / SIDA

HIV / AIDS

remedio

Heelmiddel

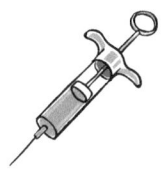

vacunación

Impen

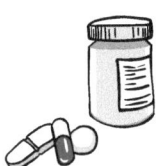

comprimidos

Tabletten

pastilla anticonceptiva

Pill

llamada de emergencia

Nootroop

tensiómetro

Blootdruck-Meter

enfermo / sano

krank / gesund

¡Ayuda!

Hölp!

alarma

Alarm

agresión

Överfall

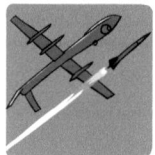

ataque

Angreep

peligro

Gefohr

salida de emergencia

Nootutgang

¡Fuego!

Füer!

matafuego

Füerlöscher

accidente

Unfall

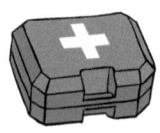

botiquín de primeros
auxilios

Noothölpkoffer

SOS

SOS

policía

Polizei

Europa

Europa

América del Norte

Noordamerika

América del Sur

Süüdamerika

África

Afrika

Asia

Asien

Australia

Australien

Atlántico

Atlantik

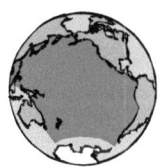

Pacífico

Pazifik

Océano Índico

Indisch Weltmeer

Océano Antártico

Antarktisch Weltmeer

Océano Ártico

Arktisch Weltmeer

polo norte

Noordpol

polo sur

Süüdpol

Antártida

Antarktis

Tierra

Eerd

tierra

Land

mar

See

isla

Eiland

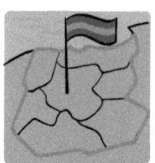

nación

Natschoon

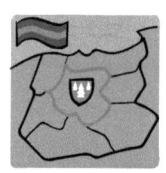

estado

Staat

esfera

Tallenblatt

manecilla de las horas

Stunnenwieser

minutero

Minutenwieser

segundero

Sekunnenwieser

¿Qué hora es?

Wo laat is dat?

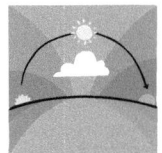

día

Dag

hora

Tiet

ahora

nu

reloj digital

digetaalsch Klock

minuto

Minuut

hora

Stunn

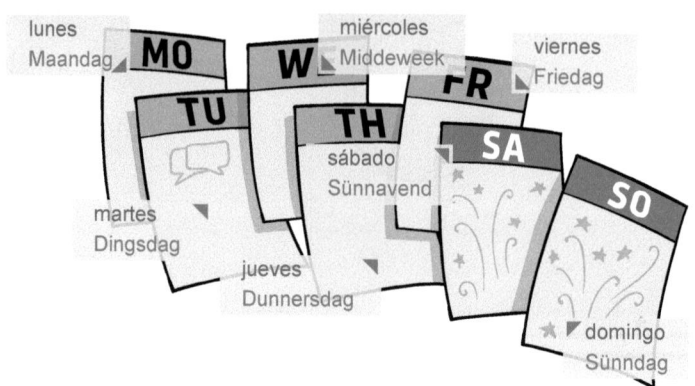

lunes
Maandag

miércoles
Middeweek

viernes
Friedag

martes
Dingsdag

sábado
Sünnavend

jueves
Dunnersdag

domingo
Sünndag

ayer

güstern

hoy

hüüt

mañana

morgen

mañana

Morgen

mediodía

Meddag

tarde

Avend

MO	TU	WE	TH	FR	SA	SU
1	2	3	4	5	6	7
8	9	10	11	12	13	14
15	16	17	18	19	20	21
22	23	24	25	26	27	28
29	30	31	1	2	3	4

días hábiles

Arbeitsdaag

MO	TU	WE	TH	FR	SA	SU
1	2	3	4	5	6	7
8	9	10	11	12	13	14
15	16	17	18	19	20	21
22	23	24	25	26	27	28
29	30	31	1	2	3	4

fin de semana

Wekenenn

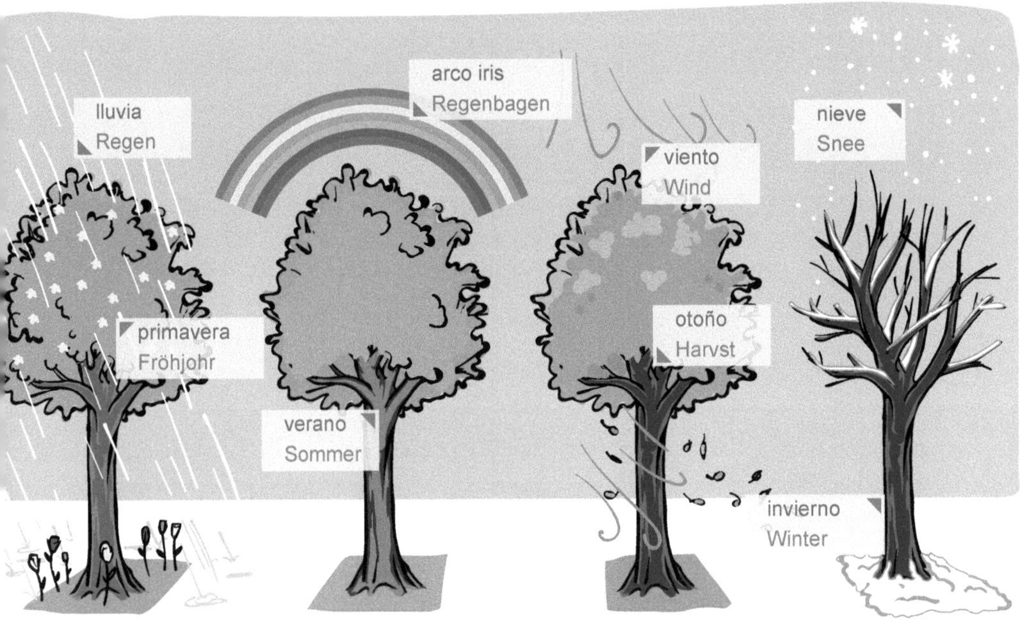

lluvia
Regen

arco iris
Regenbagen

viento
Wind

nieve
Snee

primavera
Fröhjohr

otoño
Harvst

verano
Sommer

invierno
Winter

pronóstico meteorológico

Wedervörhersaag

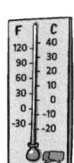

termómetro

Thermometer

luz del sol

Sünnenschien

nube

Wulk

niebla

Nevel

humedad

Luftfuchtigkeit

rayo

Blitz

trueno

Dunner

tormenta

Storm

granizo

Hagel

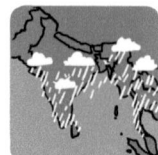

monzón

Monsun

inundación

Floot

hielo

Ies

enero

Januormaand

febrero

Februormaand

marzo

Martmaand

abril

Aprilmaand

mayo

Maimaand

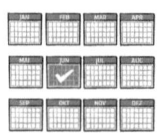

junio

Junimaand

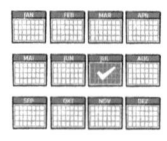

julio

Julimaand

agosto

Augustmaand

año - Johr

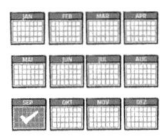

septiembre

Septembermaand

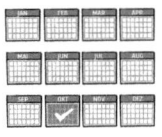

octubre

Oktobermaand

noviembre

Novembermaand

diciembre

Dezembermaand

formas
Formen

círculo

Krink

cuadrado

Quadrat

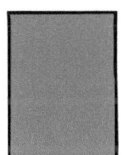

rectángulo

Rechteck

triángulo

Dreeeck

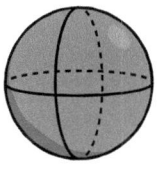

esfera

Kugel

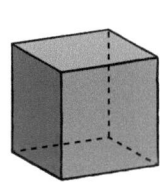

cubo

Wörpel

blanco

witt

amarillo

geel

naranja

orangsch

rosa

pink

rojo

root

violeta

lila

azul

blau

verde

gröön

marrón

bruun

gris

gries

negro

swart

mucho / poco

veel / wenig

enojado / tranquilo

böös / verdreeglich

lindo / feo

smuck / mies

principio / fin

Begünn / Enn

grande / chico

groot / lütt

claro / oscuro

hell / düüster

hermano / hermana

Broder / Süster

limpio / sucio

schier / schietig

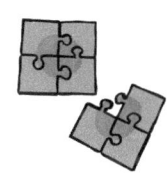

completo / incompleto

kumpleet / nich kumpleet

día / noche

Dag / Nacht

muerto / vivo

doot / lebennig

ancho / angosto

breet / small

comestible / no comestible

geneetbor / nich geneetbor

malo / amable

böös / fründlich

entusiasmado / aburrido

fickerig / langwielt

gordo / flaco

dick / dünn

primero / último

toeerst / toletzt

amigo / enemigo

Fründ / Fiend

lleno / vacío

vull / leddig

duro / blando

hart / week

pesado / liviano

swoor / licht

hambre / sed

Smacht / Döst

enfermo / sano

krank / gesund

ilegal / legal

nich na't Recht / na't Recht

inteligente / estúpido

klook / dummerhaftig

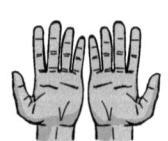

izquierda / derecha

linkerhand / rechterhand

cerca / lejos

neeg / feern

nuevo / usado

nieg / bruukt

nada / algo

nix / wat

viejo / joven

oolt / jung

encendido / apagado

an / ut

abierto / cerrado

apen / slaten

silencioso / ruidoso

lies / luut

rico / pobre

riek / arm

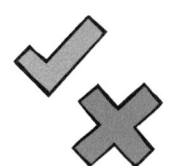

correcto / incorrecto

richtig / verkehrt

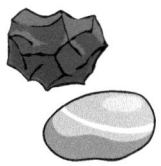

áspero / suave

ruug / glatt

triste / contento

trurig / glücklich

corto / largo

kort / lang

lento / rápido

suutje / flink

mojado / seco

natt / dröög

caliente / frío

warm / köhl

guerra / paz

Krieg / Freden

0

cero

null

1

uno

een

2

dos

twee

3

tres

dree

4

cuatro

veer

5

cinco

fief

6

seis

söss

7

siete

söven

8

ocho

acht

9

nueve

negen

10

diez

teihn

11

once

ölven

12

doce

twölf

13

trece

dörteihn

14

catorce

veerteihn

15

quince

föffteihn

16

dieciséis

sössteihn

17

diecisiete

söventeihn

18

dieciocho

achtteihn

19

diecinueve

negenteihn

20

veinte

twintig

100

cien

hunnert

1.000

mil

dusend

1.000.000

millón

million

números - Tallen

inglés

Engelsch

inglés americano

Amerikaansch Engelsch

chino mandarín

Chineesch Mandarin

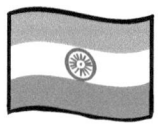

hindi

Hindi

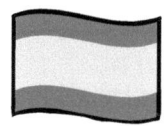

español

Spaansch

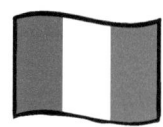

francés

Franzöösch

árabe

Araabsch

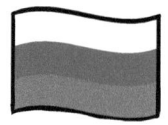

ruso

Rusch

portugués

Portugiesch

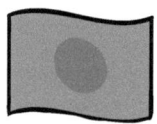

bengalí

Bengaalsch

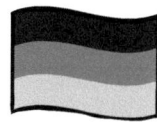

alemán

Düütsch

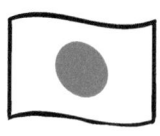

japonés

Japaansch

yo

ik

vos

du

él / ella

he / se / dat

nosotros

wi

ustedes

ji

ellos

se

¿quién?

keen?

¿qué?

wat?

¿cómo?

woans?

¿dónde?

woneem?

¿cuándo?

wannehr?

nombre

Naam

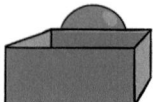

detrás

achter

en

in

adelante de

vör

por encima de

över

sobre

op

debajo de

ünner

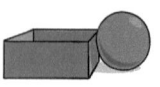

al lado de

blangen

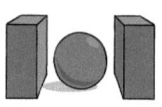

entre

twüschen

lugar

Oort